NOTES

D'UN

VOYAGE D'HIVER

DE MONTRÉAL A QUÉBEC

(CANADA)

PAR M. A. DE PUIBUSQUE

PARIS

BUREAUX DES *CAUSERIES DES FAMILLES*

15, RUE CASIMIR-PÉRIER

1861

Extrait des *Causeries des Familles*.

PARIS. — TYPOGRAPHIE WALDER, RUE BONAPARTE, 44

Les Traîneurs de bois.

NOTES
D'UN
VOYAGE D'HIVER
DE MONTRÉAL A QUÉBEC
(CANADA)[1]

Thermomètre Réaumur. — 7 degrés au-dessous de zéro ; — vent N.-E.

Enfin nous partons. Aller de Montréal à Québec en plein hiver n'est pas la chose la plus simple du monde. — Adieu les commodes steamboats qui nous transportent en l'espace d'un sommeil au pied du cap Diamant ; la navigation est fermée, le Saint-Laurent ne marche plus que sous une

[1] Ces notes sont empruntées à un voyage que j'ai fait avec ma femme au Canada ; si je les publie si peu de temps après avoir perdu cette compagne chérie de vingt-trois ans de mon existence, c'est que je cherche des consolations dans tout ce qui me la rappelle. Jusqu'ici il ne m'a pas été possible d'en trouver ; mais du moins, en ne me séparant pas d'elle, j'ai peut-être mieux supporté ma douleur.

voûte de glace, et les chemins de fer de ses rives n'existent encore qu'en projet. Il n'y a de choix pour le voyageur qu'entre le stage et l'extra. Le stage ne fait qu'une couchée; il arrive à Québec à la fin du second jour ou dans le cours du troisième, selon l'état de la route; le prix est de 10 piastres (50 francs). Il y a quatre places et chaque voyageur a droit à une robe de buffle. L'extra est plus petit; il est à deux places seulement; on change de voiture et de chevaux à chaque poste, c'est-à-dire de cinq lieues en cinq lieues, et l'on continue le voyage à volonté. On peut parcourir six postes ou ne faire qu'un relais si on le préfère, liberté précieuse dans une saison où, d'une heure à l'autre, le temps et la route subissent les plus graves changements; mais ce privilége est celui du riche, il faut donc le payer et assez cher; 30 piastres, un peu plus de 150 fr. — Deux state-rooms d'un steamboat avec un souper ne coûtent que 5 piastres, environ 25 fr., différence en plus 125, sans compter les frais d'auberge et la perte de temps. Ces petits détails, insignifiants aujourd'hui, pourront devenir intéressants par la suite. Si l'état des routes indique le degré de civilisation d'un pays, la nature et le prix des voies de transport offrent d'époque en époque une échelle comparative sur laquelle on peut mesurer le progrès. Nos ancêtres auraient été bien fiers de ce que nous dédaignons, et peut-être arrivera-t-il que nos derniers perfectionnements feront sourire de pitié nos arrière-neveux.

Deux difficultés précèdent tout départ au Canada dans cette rude saison : 1° s'habiller; 2° entrer dans la voiture. Au temps de l'arme blanche, quand on allait en guerre, il fallait couvrir toutes les parties vulnérables du corps; chacune avait sa cuirasse : casque, visière, haubert, brassards, gantelets, cotte de mailles, corset bardé de fer; sans un écuyer, on n'aurait pu tout ajuster; il fallait être aidé par deux pages pour arriver en selle, et quand on était désarçonné on ne pouvait se relever sans le secours de plusieurs valets; il en est à peu près de même pour un touriste européen qui se hasarde à faire un voyage d'hiver ici. Son armure de martre, de castor, de buffle et de minks, le céderait à peine pour le poids aux armures d'acier du moyen âge; mais on a beau se fourrer et se draper, le froid trouve toujours quelque défaut de cuirasse; ainsi doublé ou triplé, comment s'enchâsser dans l'étroite boîte d'un sleigh qui n'a pas trois pieds de largeur? Il faut être soulevé, poussé, tiré, et finalement enfoncé. Cet emballage violent a, du moins, l'avantage de réchauffer, et une fois entré dans le sac de buffle, on peut crier avec confiance : *all right!* Nous n'avons pas à nous plaindre de notre départ; il s'est fait avec un certain *décorum*. L'entrepreneur des postes était venu en personne présider à la cérémonie, et les spectateurs ne manquaient pas. A Paris nous en aurions eu cent; car jamais, excepté en Carnaval, on ne vit caricatures si grotesques. Pourquoi ne conserverai-je pas la liste de mes armes défensives? Cet inventaire m'égaiera quand je serai en pays chaud, et les costumiers pourront en faire leur profit.

Commençons par la tête : casque de martre ouaté en dedans avec oreillères à queue nouant sous le menton; voile de gaze verte pour préserver les yeux de l'éclat de la lumière sur la neige; crémone ou pèlerine de martre couvrant les oreilles, la gorge et la poitrine; cache-nez de mérinos faisant deux tours et maintenant la coiffure et les pièces du cou étroitement fermées; un gilet ou plutôt une tunique de flanelle; une chemise, un carré double de flanelle sur la poitrine; deux paires de bas de laine, des genouillères épaisses, des chaussettes de coton, un caleçon de Caribou, un pantalon de drap de cuir, des dessus de jambe d'étoffe canadienne, des bottines de castor double et à seconde semelle de caoutchouc; un gilet droit en drap de cuir laine descendant jusqu'aux jambes (mode Louis XV); des manches ouatées, un paletot ouaté avec parements, collet et revers de fourrure fine de castor, le collet se relevant et enveloppant la tête presque en entier; enfin un pardessus de buffle bien doublé et croisant du haut en bas avec un capuchon semblable; gants de laine élastique et gantelets pardessus en fourrure de minks. Si tout ce bataclan ne pèse pas 200 livres, peu s'en faut, à coup sûr.

Pour ma femme, je ne supposerai que 100 livres; cela fait 300, et le poids des deux personnes réunies élevant ce chiffre presqu'au double nous permettait de maintenir la voiture dans un équilibre parfait; nos bagages attachés derrière ne pesaient pas plus que nous. Pour expliquer toutes ces précautions prises contre le froid, il faut dire que les traîneaux entièrement ouverts devant et sur les côtés ne se ferment qu'avec des rideaux de cuir assez mal ajustés et que le vent y entre sans le moindre obstacle.

La première poste se termine au bout de l'île de Montréal sur la rive gauche de l'Ottawa, qui débouche dans le Saint-Laurent sous le nom de Rivière-des-Prairies. Au commencement et à la fin de la saison, ce point est dangereux; on fait même un grand détour pour l'éviter, mais à présent la glace est si solide et si unie que nous avons passé la rivière sans nous en apercevoir; il y a là une auberge isolée tenue par un nommé Deschamps; on nous y a fait descendre pour nous échauffer, et, ma foi, il était temps; le nord-est qui nous soufflait au visage avec force nous avait empourpré le nez et le front; nos yeux pleuraient; le poêle a renouvelé notre provision de chaleur pour la seconde poste.

Deschamps tient sa maison comme tous les Canadiens Français qui habitent la campagne; c'est simple, propre, commode; une famille nombreuse s'empresse autour des voyageurs pour les aider à ôter et à remettre leur attirail fourré. Si l'on était forcé de prendre gîte en pareil lieu, on ne serait pas à plaindre; on y trouverait avec ce qu'offre ordinairement a campagne, tout ce qu'il n'est pas ordinaire de trouver à la ville : bonne figure d'hôte, bonne table et bon lit.

De la pointe de l'île de Montréal à la Valtrie, on continue à suivre la route de terre en passant par Arpentigny; la poste est aussi de cinq lieues. L'auberge de la Valtrie est tenue par des Canadiens Anglais; c'est une maison spacieuse et de bonne apparence; toutes les dispositions intérieures rappellent es hôtels des petites villes de l'Amérique et du Canada; le parloir des voyageurs est un salon garni, suivant l'usage, de *rocking-chairs* dont le dossier et les bras sont couverts d'un filet en coton blanc imitant la dentelle, d'un piano, d'une table ronde avec livres, keepsakes et colifichets de fantaisie, d'ottomanes en crin noir et d'un tapis à grand ramage.

Notre station à la Valtrie a été si courte que nous n'avons pu éprouver toutes es bonnes qualités de cette auberge; nous ne pouvons louer en connaissance de cause que la netteté des appartements et la politesse des maîtres.

La Valtrie forme une saillie sur e bord du Saint-Laurent avec un bouquet de hautes futaies dont la beauté m'a frappé dans la belle saison, lorsque je descendais vers Québec en steamboat. A présent ce feuillage magnifique est remplacé par les frimas; c'est un tout autre tableau, mais qui n'est pas, assurément, sans quelque charme.

Le chemin de terre que nous avons suivi depuis Montréal est assez bien fait, nous n'y avons rencontré que peu de cahots; cependant la neige qui le couvre, bien que fortement pressée par la herse et le rouleau, résiste toujours, tandis que sur la glace un sleigh glisse sans exiger des chevaux le moindre coup de collier. Nous observons avec plaisir la différence de ces deux voies en passant de la terre sur le fleuve; notre marche s'accélère; elle doublerait aisément de vitesse sans les rencontres fréquentes qui nous obligent à faire halte. La route élevée en chaussée par les couches de neige qu'on y a successivement jetées pour la réparer est si haute qu'on ne peut incliner dans le débord, et si étroite qu'il est extrêmement difficile de passer côte à côte. Voilà pourquoi l'attelage est disposé en arbalète et la caisse de la voiture réduite aux proportions les plus exiguës.

Après avoir passé La Noraie vers le coucher du soleil, nous sommes arrivés à Berthier, un peu avant la nuit.

Berthier est une des paroisses les plus importantes du Bas-Canada; la culture a pénétré au loin dans la profondeur des terres et les propriétés acquièrent chaque année plus de valeur; cent acres valent déjà de 15 à 20 mille francs; les Anglais ont accaparé les meilleures; c'est la famille Cuthbert qui possède les seigneuries de Berthier et La Noraie. Madame Ross Cuthbert est sœur de M. Rush, qui fut ministre des États-Unis à Paris. La seigneurie d'Aillebout, située derrière celle de Berthier, n'est pas encore concédée en entier; la propriété en est indivise entre plusieurs Français Canadiens.

Deux hôtels se font concurrence à Berthier; nous avons été conduits chez Giroux; sa maison mérite une mention très-honorable et ses chapons aussi; pareille volaille ne nous avait jamais été servie depuis notre départ de France, et nous l'avons accueillie comme une heureuse tradition du Maine. Madame Giroux est une bonne vieille Canadienne qui aime à jaser; elle est venue s'asseoir près de notre table pendant que nous soupions, et elle nous a débité toute la chronique du pays.

Voici une anecdote sortie de son sac : Le seigneur du lieu, le vieux Cuthbert, est devenu fou; dites plutôt pour parler canadien qu'il a l'esprit *viré*. Dans ses promenades, il avait remarqué une construction nouvelle, et le luxe de l'architecture l'avait frappé : il n'y a qu'un fou qui puisse bâtir ainsi, répétait-il sans cesse, et plus fous seront ceux qui habiteront ce superbe château. Quand le bâtiment fut achevé, on proposa au vieillard d'en faire la visite; il accepta non sans peine; mais quelle fut sa surprise en y trouvant une chambre de tout point semblable à celle qu'il occupe depuis quarante ans, et meublée de la même manière! En regardant de plus en plus près, il aperçut un de ses livres sur la table : — Oh! oh! s'écria-t-il, qu'est-ce que cela? un de mes livres; on me l'a volé! — Non. — Comment, non? est-ce que je l'ai donné par hasard? — Non. — Eh bien! comment se trouve-t-il ici? — Comme vous vous y trouvez vous-même; il est chez lui, vous êtes chez vous.

Le bonhomme n'en revenait pas; sa famille l'avait arraché par surprise d'un taudis d'une saleté repoussante qu'il n'aurait jamais quitté de son propre mouvement. Il était trompé à son avantage; tout fou qu'il était, il eut la sagesse de le comprendre et de se résigner.

Les récits de madame Giroux, quoique faits en très-bons termes et avec une discrétion remarquable, ont fini par ajouter à la disposition somnolente que nous avait donnée l'intensité du froid; nous étions à demi engourdis et il nous tardait de nous engourdir entièrement. On nous a conduits dans une chambre d'une propreté remarquable dont le centre était occupé par un grand lit à baldaquin avec ciel et rideaux de calicot blanc d'une fraicheur qui ne laissait regretter ni la mousseline ni la soie. Il était neuf heures; le thermomètre marquait 15 degrés au-dessous de zéro et le ciel faisait feu de toutes ses étoiles. — Bons Parisiens, mes compatriotes, que penseriez-vous de ce temps-là? M'envieriez-vous les plaisirs du voyage d'aujourd'hui et les chances de celui de demain? J'en doute; je crois même vous voir frissonner sous l'impression de ces détails, et après avoir considéré les arabesques, les nervures et les dentelles si capricieusement gravées sur les vitres de nos fenêtres, enfoncer votre bonnet de nuit jusque par-dessus vos oreilles. Bonsoir donc, amis, je vais faire comme vous.

9 janvier. — De Berthier aux Trois-Rivières.

Après nous être lestés d'un déjeuner bien chaud et avoir quelque peu causé avec madame Giroux, nous commençons notre travestissement, moi en bête fauve, Élisa en bête noire; j'ai refusé hier de mettre un voile, et la gelée m'a laissé sur le front une empreinte brûlante; la réverbération du soleil sur la neige m'a fatigué aussi la vue; une gaze verte, si mince qu'elle soit, n'est pas seulement un rempart contre le vent et la lumière, elle forme une atmosphère plus tempérée et adoucit l'éclat des objets. J'ai donc mis toute pruderie de côté, je me suis voilé.

Madame Giroux, en nous faisant ses adieux, nous a dit : « Le nord-est vient de tomber; il va *mouiller.* » Elle ne se trompait pas; la neige a commencé presque aussitôt; seulement elle était si parfaitement gelée qu'elle était plutôt poudreuse qu'humide. Quel changement de décoration! Voici pour notre seconde journée un tableau d'hiver entièrement différent de celui que la première journée nous a présenté. Hier, tout était bleu au ciel, limpide dans l'air, resplendissant sur la terre. Aujourd'hui, une brume jaunâtre resserre l'horizon autour de nous, une neige épaisse tombe lentement; il ne fait ni jour ni nuit; c'est la clarté opaque de la Laponie; on ne distingue que les contours des objets comme si l'on n'était entouré que d'ombres. La couleur, le mouvement, la vie, tout semble enseveli sous un immense linceul.

Et qu'a-t-il fallu pour opérer cette transformation générale? Un coup de vent; le sud a chassé le nord-est, qui a disparu avec tous ses prismes pour aller sans doute illuminer les palais de cristal et les montagnes de diamants des mers polaires. Chacun son tour : quelques rares éclaircies nous laissent voir le pays que nous traversons. La paroisse de Berthier se prolonge sur tout son front en forme d'avenue. Les maisons sont aussi rapprochées que dans les villes rurales des États-Unis; des plaines se déroulent ensuite à perte de vue et l'œil n'y trouve pas un seul arbre pour se reposer; la neige en couvrant jusqu'aux clôtures a donné à ces plaines l'apparence de lacs de lait ou d'argent; on ne voit pas une seule tache sur ces surfaces d'une blancheur inimitable; çà et là dans le lointain, à droite, l'œil distingue avec peine une file de points noirs qui se meuvent; c'est une suite de trains, une caravante traversant les déserts du Saint-Laurent.

Plus on s'éloigne de Montréal, plus l'entretien des routes est négligé ; pour éviter d'y faire des réparations, on en fait de nouvelles, et pour cela il suffit de changer de place les jalons ou balises, arbustes verts faciles à transporter ; néanmoins les cahots une fois ouverts se creusent bien vite, et quelle que soit l'habileté du conducteur on est sans cesse exposé à d'affreuses secousses. Le charretier canadien est admirable : doux, poli, attentif, il mène toujours debout, et, dans les mauvais pas, il s'agite comme sur une balançoire, se jetant tantôt à droite, tantôt à gauche, sautant même hors la voiture pour faire contre-poids et rétablir l'équilibre. Vent, neige, grêle, il reçoit tout dans une noble attitude de combat, et son attention ne s'endort jamais. Rien d'intéressé dans ses soins ; le pourboire est mis hors d'usage avec l'ivrognerie ; membres de la Société de tempérance, la plupart des postillons passent devant les tavernes sans même les regarder, mais ils ne manquent jamais de saluer les croix plantées au bord des routes.

Nous avons relayé à Maskilongé. L'auberge de la poste est inférieure aux précédentes, et cela n'est pas surprenant ; à moins d'accident, aucun voyageur ne s'arrête là, il n'y a que les habitants allant d'une paroisse à l'autre ; cependant, la maison, malgré sa simplicité rustique, est très-propre et on pourrait y séjourner sans la moindre répugnance, la modeste catalogne du pays y protége le tapis anglais; des gravures ou lithographies dont les sujets sont religieux, ornent les murs peints en blanc ; une vieille pendule haute de cinq à six pieds y sonne dans sa boîte de bois peint les heures du XIXe siècle aussi fort et aussi juste que celles du XVIIIe et peut-être du XVIIe ; elle a pour rival dans la pièce d'entrée le cadran économique des États-Unis, qui, tout compris, mouvement, sonnerie, glace et cadre d'acajou, n'a coûté qu'un dollar. Sur les bords étroits d'une haute cheminée, j'aperçois des figures en plâtre, des anges, des vierges, des Napoléons, des coqs et diverses espèces d'animaux, sans parler des gros coquillages symétriquement placés aux deux bouts. Tandis qu'on relayait, l'*engagée*, c'est-à-dire la servante, est venue prêter main-forte à Élisa pour l'aider à se débarrasser de ses fourrures ; la bête noire étant devenue blanche, on ne savait par quel bout la prendre ; aussi la bonne engagée ne cessait-elle de répéter : « *C'est de valeur comme il mouille ! Espérez*, madame, *espérez*; on va vous ôter tout *votre butin* ; on *ne quittera* que le chapeau si vous voulez le garder sur votre tête. »

L'église de Maskilongé est d'une structure particulière; la façade, beaucoup plus large que le corps de l'édifice, déborde des deux côtés; une statue gigantesque s'élève du centre de cette façade, deux clochetons dominent les tourelles des deux ailes; le vaisseau de l'église naturellement amoindri paraît mesquin; il s'élargit en croix vers le milieu; la statue est très-admirée dans le pays; il y en a une autre dans l'intérieur de l'église à laquelle on attribue pieusement toutes sortes de miracles.

De Maskilongé à Machiche, nous n'avons eu rien à remarquer: l'air était entièrement obscurci par la neige. L'église de Machiche a été construite sur le même plan que celle de Maskilongé. — Est-elle plus grande ou plus nouvelle? je l'ignore; mais l'extérieur m'a paru mieux. Machiche est une des paroisses les plus populeuses et les plus riches de cette partie du Canada ; elle a un marché très-suivi. Après l'avoir passée, on arrive à la pointe du lac Saint-Pierre, où est le relais de la poste.

Le lac Saint-Pierre est le plus large épanchement du Saint-Laurent entre Kingston et le Saguenay, espace de plus de 150 lieues; on pourrait l'appeler le *défaut du fleuve*, car il enlève chaque année plus d'un mois d'activité à la navigation : c'est la partie la plus basse; elle prend la première et débâcle la dernière. Le chenal est étroit; il y a partout peu de fond, et malgré les dépenses énormes qui ont été faites pour creuser la passe principale, les obstacles et les dangers sont à peu près toujours les mêmes. Les *cageux* (conducteurs de radeaux) n'abordent le lac Saint-Pierre qu'avec effroi; et il n'est que trop vrai que si la tempête les y surprend par un fort nord-est, ils courent les plus grands risques. La pointe du lac est le rendez-vous favori de chasseurs de canards et de bécassines; la tranquillité des eaux qui baignent les îles voisines et l'épaisseur des joncailles leur donnent la chance d'y faire de très-heureuses parties.

Le village de la Rivière-du-Loup qu'on trouve après la pointe du lac semble florissant. La maison seigneuriale, bâtie dans une bonne situation, y produit un effet pittoresque malgré la lourdeur de son architecture massive. Quelques Canadiennes se livrent, dans cette paroisse, à une industrie qu'elles ont dérobée aux sauvages; elles brodent sur écorce de bouleau avec des poils d'orignal et de porc-épic; une madame Lambert a accaparé presque toutes les commandes de Montréal, comme madame Paul de Lorette celles de Québec. Nous avions demandé un portefeuille pour notre album canadien à une ouvrière d'élite, et comme ce travail délicat exigeait quelques explications, nous avons fait halte devant sa porte. Mademoiselle Louise Mousset (c'est le nom de cette ouvrière) se couvrant la tête d'un châle, à la façon des Irlandaises, est venue au bord du grand chemin, et là entre deux neiges, celle tombant et celle tombée, on a discouru sur les guirlandes de fleurs et de fruits; on a parlé roses, violettes, pensées, fraises et groseilles.

Depuis Maskilongé, nous avons voyagé alternativement sur la neige et sur la glace, en terre ferme et sur les rivières; mais nous n'avons repris le Saint-Laurent qu'à la pointe du lac, et encore, pour le quitter bientôt. Le lac Saint-Pierre, enveloppé d'une brume impénétrable, nous a échappé; nous l'avons côtoyé sans le voir; notre regard par moments ne dépassait pas les oreilles des chevaux; nous avions à traverser plusieurs bois, et la neige que le vent ne peut balayer y est plus entassée que dans les plaines. Notre charretier s'agitait devant nous comme le diable dans un bénitier; — quelle gymnastique! Certes, il ne devait pas avoir froid; mais il avait beau faire, nous avons cahoté, penché, *barodé* tant et plus. Par instants, les divinités de l'hiver, je ne sais quel nom leur donner, les *nivines*, si l'on veut, puisqu'on a des *ondines*, élevaient leurs voiles diaphanes et nous découvraient des beautés fantastiques; la neige, mousseuse comme la crème battue, ne présentait sur tous les arbres que des formes molles et légères, on eût dit du marbre amolli, de l'albâtre fusible; les branches horizontales des sapins s'inclinaient à peine sous des flocons agglomérés en boules qu'on aurait pris pour des nids de coton remplis d'oiseaux blancs; ailleurs, un bloc occupait plusieurs étages de l'arbre; mais les interstices ouverts par la pointe des rameaux marquaient des yeux, un nez, une bouche ou seulement des traits assez irréguliers pour en faire une figure de monstre. Sur plusieurs gros troncs d'arbres coupés la neige s'était amoncelée en colonnes torses, en pyramides ou en statues grotesques. Figurez-vous nos anciens voyageurs isolés dans les bois pendant la nuit; qu'y voyaient-ils et que n'y voyaient-ils pas? Les sauvages ne s'avançaient qu'avec précaution, examinant chaque arbre, observant chaque buisson, et croyant au moindre souffle de la brise qui balançait toutes ces figures étranges qu'elles allaient s'animer pour leur fermer la route. Ils entendaient aussi dans le lointain le chasseur blanc qui poursuivait avec des chiens blancs des chevreuils blancs; meute, chasseur et gibier, tout se dessinait pour eux sur les flancs des nuages. Ces visions de la peur ou de la superstition, la poésie me les a rendues et j'ai senti que la pâle muse du Nord habitait comme ses sœurs un monde enchanté. La mythologie née du côté de l'Orient a oublié cette habitante des frimas; elle ignorait aussi les wi lis et les sylphides que la ballade allemande a rencontrées dans la brume des lacs et dans l'ombre des forêts. — Pourquoi ne pas compléter cette famille charmante en y ajoutant les *nivines* ou *frimatides* qui viennent de nous apparaître dans les neiges du Canada.

Arrivons aux *Trois-Rivières*. Il est cinq heures et demie et la nuit approche; elle semble déjà nous envelopper, tant la neige qui nous aveugle est serrée. On nous mène chez Bernard. La venue d'un extra est toujours accueillie dans les hôtels comme une bonne aubaine. Si l'on ne crie pas ainsi qu'autrefois en Angleterre : Bougies pour quatre chevaux! du moins le landlord accourt à la portière et l'ouvre lui-même pour donner l'exemple de l'empressement. Nous n'avons garde de trouver ces soins importuns; ils nous paraissent au contraire pleins d'à-propos, car la pesanteur de nos fourrures est augmentée d'un poids de neige et de glace qui excéderait nos forces si nous cherchions à le soulever nous-mêmes. Le thermomètre en remontant tout à coup vers zéro a commencé un dégel qui ajoute une assez belle quantité d'eau à notre couverture de frimas. Mon buffle surtout a filtré dans sa laine des givres qui se sont allongés en girandoles et qui tintent comme des grelots. Je fais en marchant le bruit d'un lustre. Toute notre défroque étendue sur des chaises remplit un salon et le change en séchoir; mais vivent les Canadiennes! elles nous soignent comme de vieux amis, et avec un si bon feu un si bon souper, un si bon lit, comment n'oublierait-on pas bien vite les fatigues du voyage? Il ne doit en rester que les impressions, et en effet, je n'ai rêvé pendant toute la nuit que rêves songes du jour.

10 janvier.

On annonçait la pluie hier soir; le vent a tourné, et ce matin à sept heures le thermomètre, dégringolant plus vite qu'il n'avait monté, marquait dix-huit degrés au-dessous de zéro, — heureusement, nous ne marchons pas aujourd'hui; nous voici au milieu de notre voyage; nous avons fait trente lieues, et il nous en reste exactement le même nombre à faire. — Nous allons prendre un repos; si je ne me trompe, l'hôtel Bernard est situé au bord du Saint-Laurent; je dois donc avoir une vue agréable, car le fleuve est libre sur ce point et la marée lui imprime chaque jour deux cours différents. — Voyons: Je regarde à une fenêtre du nord, je regarde à une fenêtre du sud, pas de Saint-Laurent; qu'est-ce que ce'a signifie? Voilà bien cependant de l'autre côté de la rue l'hôtel Ostram, où j'ai logé il y a deux ans. Curieuse inversion! c'est au pied de cet hôtel que le Saint-Laurent coule aujourd'hui; évidemment, le fleuve n'a pas changé de cours, il faut donc que l'hôtel ait changé de place; le mot de l'énigme m'est expliqué: les deux aubergistes ont troqué ensemble.

Je viens de dire que la marée porte jusqu'aux Trois-Rivières; ses derniers flots y jettent chaque année vers la fin de décembre une manne précieuse: ce sont de petits poissons que l'on suppose de jeunes morues et que l'on appelle *Tomicods*. Les longs caissons qui servent à les prendre en sont encombrés; on fait geler ces poissons et on les vend au boisseau sur les marchés de Montréal et de Québec; ils sont aussi délicats que les éperlans. Le pont de glace se forme rarement entre les Trois-Rivières et le côté sud du Saint-Laurent. On a fait cette année une tentative ingénieuse pour vaincre la double résistance du courant et de la marée; on a découpé dans le vaste épanchement du lac Saint-Pierre une bande de glace beaucoup plus large que le chenal du Saint-Laurent en face des Trois-Rivières. On espère que le reflux fera deriver cette banquise qui, se trouvant resserrée dans un lit plus étroit, formera un barrage. Cette combinaison peut réussir; tout dépend néanmoins de l'épaisseur de la glace; si elle est mal liée, elle se brisera entraînée par fragments. Il y a peu de vie dans la cité des Trois-Rivières pendant la belle saison; le commerce, réduit au détail, y est presque nul. Qu'est-ce donc en hiver? on a ici un exemple frappant des conséquences désastreuses de tout monopole. Cette ville, qui est la seconde en ancienneté du Canada, est assurément dans un état de progrès voisin de son enfance. Les forges de Saint-Maurice situées derrière son territoire en sont l'unique cause; on a concédé tous les bois des alentours à un seul homme sous prétexte d'en alimenter les hauts-fourneaux; il n'y a donc pas eu une seule acre défrichée, pas un seul établissement formé, pas une seule ferme, pas un seul moulin, et la rivière Saint-Maurice, dont les déclivités offrent à l'industrie tant de riches pouvoirs d'eau, a continué à couler, comme au temps des sauvages, dans une solitude profonde. Qu'est-il arrivé? C'est qu'après trente ou quarante ans de jouissance de son privilége, l'exploiteur des forges, M. Bell, est mort ruiné, et qu'en privant les Trois-Rivières d'un accroissement de population, il a enlevé au commerce des consommateurs et à l'agriculture des producteurs, c'est-à-dire tout moyen d'échange et par suite toute source de richesse. On vient depuis peu de lever l'obstacle; des concessions de terre ont été accordées, et bien que les premiers occupants ne songent en général qu'à couper le bois et à le vendre, ils fraient la route. Déjà même la seule exploitation du bois a nécessité l'établissement de plusieurs moulins à scie, et les ouvriers employés dans ces nouvelles usines forment de distance en distance des hameaux qui ne tarderont pas à se changer en villages. En résumé, la population des Trois-Rivières, au lieu de rester attachée aux bords du Saint-Laurent, remonte le Saint-Maurice et envahit les terres du Nord; de stationnaire, elle devient active et marche vers le progrès.

Voulez-vous savoir tout ce qui se dit ou se fait dans le monde? allez chez les femmes en retraite. Voulez-vous savoir ce qui se passe dans une ville? allez dans la ville voisine. C'est ainsi que nous avons appris ici un roman qui a passé inaperçu sous nos yeux à Montréal. Le beau Roch Rolland, changé en *Rolando furioso*, n'est parti pour la Californie que par dépit d'amour; il aimait ardemment sa voisine, mademoiselle D..., et il se considérait comme un prétendant accepté, lorsque est venue la déconfiture du père. Un marchand de New-York a été appelé pour acheter la collection de tableaux et d'objets d'art, mais en visitant le castel du haut en bas pour en examiner les curiosités, ce qui parait l'avoir le plus charmé, c'est la jolie figure de la fille de la maison; il a proposé de la comprendre dans le marché; la jeune fille a ouvert une oreille, le père deux, et sur ce, Roch Roland, sans attendre un dénoûment, sautant dans le steamboat, est allé chercher une fortune pour la jeter au nez de l'infidèle s'il ne revient pas assez tôt pour pouvoir encore la mettre à ses pieds. Voilà ce qu'on m'a conté aux Trois-Rivières; c'est vrai ou c'est faux, c'est faux ou c'est vrai, comme il vous plaira. Mais la pauvre fille, qui ne songeait pas à trahir la foi promise, a bien pleuré ce départ, et quand elle fut instruite de la mort inattendue de celui qui l'aimait tant, elle lui garda fidélité en n'épousant ni le marchand de New-York ni aucun autre.

Pour la société de la ville, n'en parlons pas; des morts et des départs ont achevé d'éclaircir ses rangs. Ainsi se défait le monde, pièce à pièce; il est vrai qu'il se reconstruit de la même manière, mais avec des pièces différentes. Parmi les ruines, une seule maison de notre connaissance reste debout, et sa triste situation a quelque chose de navrant. M. et madame X... ne possèdent plus rien; leur maison, dit-on, n'est plus à eux; ils n'y résident qu'à titre de pensionnaires, et de qui? de leur propre valet. Ce garçon est aussi actif que vaillant; il a mis sou sur sou et s'est élevé, tandis que son maître déclinait. Par bonheur, il n'est pas moins dévoué qu'industrieux et l'on suppose avec quelque fondement sans doute qu'il ne prête que son nom pour ménager l'amour-propre des X... Ce qu'il y a de certain, c'est qu'il est resté Gros-Jean comme devant ou plutôt Michel Morin; car aujourd'hui même, après avoir endossé la livrée des grands jours pour nous servir la collation dressée par ses mains, il s'est métamorphosé en valet de pied pour nous reconduire à notre hôtel avec un fanal. Si le Canada participait aux prix Montyon, ce jeune homme aurait certes droit à une récompense exemplaire. Il a traversé la France et l'Italie sans y rien laisser de ses vertus; une seule chose l'a étonné et a failli, en détruisant le prestige d'une pieuse illusion, ébranler la foi qui est le fondement d'une si bonne conduite. Assistant avec son maître à un grand service dans la basilique de Saint-Pierre à Rome, il a vu Grégoire XVI mettre la main à sa poche et en tirer son mouchoir : « Monsieur, a-t-il dit tout bas à son maître, monsieur, regardez donc! le pape qui se mouche! » Il ne pouvait en croire ses yeux! un pape se moucher comme un simple curé, comme le dernier des bedeaux!

Vers midi, nous avons fait visite aux K... L'air raréfié par le nord-est était d'une limpidité cristalline et formait le contraste le plus parfait avec les teintes sombres de la veille. Seize degrés à l'heure où le soleil a toute sa force, ce n'est pas trop mal. L'apparition de deux étrangers dans la ville des Trois-Rivières en plein janvier était sans doute un événement inouï, car nous avons vu nombre de gens sortir de leurs maisons malgré la rigueur du froid pour s'assurer de la réalité du fait. M. K..., ponctuel comme de coutume sur les choses d'étiquette, nous a rendu notre visite quatre heures après l'avoir reçue, et pour déguiser la cérémonie il a pris un prétexte qu'on ne pourrait pas trouver en France sur le catalogue des mensonges polis; il a dit qu'il était venu par hasard de notre côté en faisant un tour de promenade en raquette. Les rues larges des Trois-Rivières encombrées de neige rendent en effet l'exercice des raquettes aussi facile que nécessaire. La soirée a été agréablement passée chez les K..., ils ont chanté de l'italien, oui, du véritable italien et réellement bien. Où la musique va-t-elle se nicher! Qui aurait supposé un ténor et un soprano aux Trois-Rivières?

11 janvier.

Hier soir, en donnant un dernier coup d'œil au thermomètre, ce guide indispensable du voyageur canadien, nous avons dit : « Si le mercure ne remonte pas de cinq ou six degrés au moins, il sera impossible de se remettre en route. » Heureusement, en quatre jours nous avons eu quatre temps différents, et si les variations se succèdent avec la même régularité, nous ne serons pas condamnés à prolonger notre séjour aux Trois-Rivières.

Cet espoir s'est réalisé : nouveau tour de girouette, nouveau temps. De 18 degrés Réaumur, le thermomètre remonte à 5; comparativement, c'est presque de la chaleur; il s'agit d'aller coucher à Deschambault, relais qui partage à peu près également la distance des Trois-Rivières à Québec. Nous sommes en retard; il est déjà onze heures, et il sera difficile d'arriver avant la nuit. Commençons par régler nos comptes : nous avons quatre repas et deux nuits; on nous a servis à part; nous avons eu un feu perpétuel; on a mis sur notre table du doré, des tomicods, des perdrix, une dinde, le tout bien dressé et à point. Or, que nous demande-t-on? Onze shillings seulement (deux piastres et quart, environ douze francs). Est-ce croyable? Pauvre Bernard! à ce compte-là, tu feras difficilement fortune. Ajoutez qu'on nous a donné gratuitement pour plus de dix piastres de politesse, monnaie plus courante que l'eau dans les campagnes du Canada.

Des Trois-Rivières à Champlain, la route commence à devenir méchante, au dire des charretiers; on suit constamment le littoral qui s'élève peu à peu et forme des ondulations de plus en

Tempête de neige.

plus grandes. A peine touchons-nous au pont des Trois-Rivières que la neige nous assaille; elle s'épaissit sans cesse et renouvelle pour nous le spectacle de mercredi dernier; seulement, le théâtre n'est pas le même; au lieu de bois, nous ne voyons que des plaines; ce n'est plus un lac, c'est une mer d'une blancheur que le lait n'égale pas. Aux deux côtés de la route, la plupart des clôtures ont entièrement disparu; on n'aperçoit que l'extrémité de celles qui occupent des versants élevés; la neige qui couvre les traverses a débordé, mais elle n'est pas tombée; elle forme des guirlandes et des festons aussi gracieusement moulés que sur un marbre de Canova.

La paroisse de Champlain n'est pas d'une importance qui réponde au grand nom qu'on lui a donné; le fondateur de Québec méritait mieux. Le lac qu'on lui a consacré et où il a tiré le premier coup de fusil est plus digne de lui. Quand on se rappelle tout ce que cet homme éminent a fait à la naissance de la colonie pour l'arracher à l'avidité de l'Angleterre, ses seize voyages en Europe, ses heureux efforts auprès du cardinal de Richelieu, sa seconde conquête, ses excursions, ses découvertes, ses établissements, on ne saurait assigner à sa mémoire une place trop grande, et ce qui étonne, c'est que cette place lui manque précisément à Québec qui lui a dû deux fois la vie.

Le marché le plus voisin de la paroisse de Champlain, le marché des Trois-Rivières lui prend plus d'argent qu'il ne lui en rapporte; en se développant, il la développera; elle attend depuis deux siècles, elle peut bien attendre encore.

L'auberge du relais ne paie pas de mine nous y avons laissé avec plaisir notre charretier des Trois-Rivières, qui paraissait fiévreux.

La neige tombait de plus en plus fort; on ne distinguait plus rien. Tout à coup, elle a cessé, l'air s'est refroidi et des tourbillons de poudre blanche se sont élevés de toutes parts. Le vent avait sauté du sud-ouest au nord-ouest, une tempête de neige devenait imminente; c'est la plus mauvaise chance de voyage en cette saison; il a fallu fermer à la hâte tous les rideaux de cuir opposés au vent. Le charretier, faisant bonne contenance, a lutté intrépidement contre une grêle que chaque rafale lui lançait au visage; il sautait avec l'agilité d'un singe d'un côté à l'autre de sa galerie; mais, quelle que fût son attention, il ne pouvait deviner toutes les fondrières que la neige lui cachait; nous montions des côtes plus accidentées et plus roides où tout cahot semblait être le commencement d'une chute. Parvenus vers les premières maisons de la paroisse Sainte-Anne, nous nous précipitons dans un fond où, sans verser, notre sleigh s'enneige complétement; on ne voit plus que la tête des chevaux et celle du conducteur. Tout à coup nous inclinons à droite, et pour n'être pas ensevelis dans la neige, il ne nous reste d'autre parti à prendre que de débarquer, ce qui n'est pas facile. Tout nous fait obstacle: la position de la voiture, les dimensions étroites de la portière, la violence du vent, et les coups de fouet de la grêle; enfin, l'un poussant l'autre, nous opérons notre *escape*, et nous voici plongés dans la neige jusqu'à la ceinture.

A force de crier, le conducteur parvient à se faire entendre des maisons voisines, et deux hommes armés de pelles arrivent le plus vite qu'ils peuvent à notre secours. Si nous commandons ce sujet à notre peintre ordinaire, le tableau devra être disposé ainsi : une maison d'habitant avec corps de ferme par derrière sur la croupe d'un coteau; deux habitants sortant de la maison la pelle sur l'épaule; les gens de la maison assemblés sur la porte et criant à tue-tête sans pouvoir dominer la voix de leur chien; au pied du coteau un sleigh de poste peint en rouge à demi renversé et les brancards en l'air; les deux chevaux dételés et se débattant dans la neige; le charretier luttant avec le premier cheval, qui est tombé dans le débord; le voyageur aidant de son mieux la voyageuse, dont les deux bras élèvent au ciel un manchon plein d'anxiété; enfin, un tapis de neige au loin et au large, des tourbillons de grêle, et une suite d'arbustes verts jalonnant la route.

Les chemins du Canada ont cela de bon qu'ils sont bordés de maisons séparées par de courtes distances; les voyageurs sont toujours à portée des secours. La maison où nous avons pris refuge pourrait spéculer sur la fondrière où nous avons été à moitié engloutis; c'est le second accident de la journée, et la malle du soir n'est pas encore arrivée. Un vieillard de haute taille, à figure fine et intelligente, nous fait un accueil hospitalier; ses filles et petites-filles nous débarrassent de nos fourrures doublées de neige et semées de grêlons; la grand'maman file dans son coin et une engagée carde la laine. Ce vénérable patriarche, qui achève sa vie dans le repos, a vu de plus rudes pays que nous; c'est un ancien voyageur de la compagnie du Nord-Ouest. Pierre Bellie est d'origine écossaise; il descend d'un de ces braves Highlanders catholiques qui restèrent fidèles aux Stuarts longtemps après le désastre de Culloden. Un de ses fils est curé du Cap, village pittoresque situé à l'est des Trois-Rivières, à peu de distance de l'embouchure du Saint-Maurice. Nous avons visité son église il y a deux ans. Le bonhomme, devenu ainsi doublement Canadien, est charmé de voir un Français de la vieille France; il veut en conserver le souvenir, et je lui laisse mon nom en échange du sien; si sa maison était une auberge, j'aimerais à y prendre gîte pour la nuit; cela me procurerait quelque agréable causerie sur la baie d'Hudson, la rivière Rouge, les Esquimaux, les bois brûlés et toute la fantasmagorie des chasses du Nord; mais l'heure presse et le relais est loin.

— Adieu, lui dis-je, père Bellie; je vous quitte vraiment à regret, car il me semble que j'aurais causé avec vous jusqu'à demain sans me fatiguer. Grand et fort comme vous êtes, vous devez avoir eu de terribles combats à la baie; elle a été attaquée si souvent! — Non, monsieur, on n'en a eu qu'un, mais, dame, il a été dur. — Oh! contez-moi donc cela. — Volontiers, ce n'est pas long. Vous avez dû entendre parler de lord Selkirk qui fonda une compagnie rivale de la nôtre et voulut nous déposséder par force; on marcha contre lui et il y eut de sanglantes rencontres. Un jour je m'étais avancé sur son territoire avec deux camarades; nous avions résolu de faire coup sur la maison d'un chasseur qui passait pour très-redoutable; il s'agissait de la surprendre la nuit et d'exterminer les habitants. On fit heureusement les approches en rampant, et l'on jeta le cri de guerre dès que le premier flambeau s'alluma. La vivacité de cette irruption fit croire au chasseur que nous étions plus nombreux et il s'échappa avec sa femme en appelant ses enfants qui étaient déjà couchés. Mes deux camarades pour s'exciter au combat avaient bu beaucoup de gin; dans leur fureur ils se jetèrent sur les enfants et les massacrèrent. Ce spectacle me glaça d'horreur, et quand je vis une jeune fille, attirée par les cris de ces malheureux enfants, sortir d'une chambre où elle s'était cachée pour les couvrir de son corps, je me trouvai saisi de confusion. — Eh bien, tue-la donc! me crièrent mes camarades. — Moi? jamais! répondis-je. — Alors ce sera moi, répliqua le plus ivre des deux, et ce ne sera pas long; tiens, ajouta-t-il en levant son sabre, et il porta plusieurs coups que j'écartai avec le canon de mon fusil. — Ah! c'est cela! s'écria-t-il, tu vas me le payer. Et il me porta un coup furieux sur la tête que je n'esquivai qu'en partie, mais l'ajustant aussitôt en pleine poitrine, je l'étendis mort sur la place. En le voyant tomber, l'autre camarade exaspéré me tira un coup de fusil et, m'ayant manqué, se jeta sur moi avec son sabre. Les coups étaient aussi vifs que terribles, je fus touché au bras, mais dans un effort suprême je l'atteignis au côté et le perçai de part en part. Alors je relevai la jeune fille qui était sans connaissance, et après l'avoir ranimée je la ramenai pleurante au camp. — Dieu soit loué! et qu'est-elle devenue la pauvre enfant? — Elle est devenue ma femme. Tenez, c'est elle qui file dans ce coin. La vieille avait posé son fuseau pendant ce récit. — Oui, dit-elle, c'est moi; mais il oublie de vous faire connaître qu'il fut gravement blessé dans cet affreux combat, et qu'il garda le lit deux années entières. — Oui, deux années entières pendant lesquelles je ne fus soigné que par toi.

Cette scène m'émut à un tel point que je ne pouvais plus me déterminer a quitter ces braves gens. Il le fallut cependant; notre sleigh avait été remis en ordre et le charretier debout devant la porte faisait claquer son fouet pour nous appeler.

Il y a au centre de la paroisse de Sainte-Anne une petite auberge tenue par un nommé Lecour; elle est voisine de l'église et peu éloignée de la maison seigneuriale. L'hôte, en sa qualité de courrier de la malle, est toujours absent; l'hôtesse, petite femme alerte et dégagée, fait de son mieux pour qu'on ne s'en aperçoive pas. Native de Machiche, elle a poussé ses voyages jusqu'à la Rivière du Loup, et elle a fait le service des bains Thomaux de Saint-Léon, ce qui l'a initiée à tout ce qu'exige le soin des grandes dames. Étrangère à sa nouvelle résidence, il lui est impossible de nous donner aucun renseignement; elle sait seulement, et elle répète sans cesse que le seigneur est très-aimé. C'est une particularité dont je prends note. Comment ce monsieur fait-il? A-t-il renoncé à ses redevances? a-t-il abandonné les lods et ventes? ses moulins ne sont-ils plus sous le monopole de la banalité? Être généreux, faire d'abondantes aumônes, accorder des délais, secourir même les censitaires en retard, tout cela n'aboutit généralement qu'à faire des ingrats ou des paresseux. L'heureuse exception que l'on me signale a donc besoin d'être expliquée; c'est une énigme pour moi. Jusqu'ici, je n'ai exercé aucune poursuite, j'ai donné du temps à tous les retardataires, je me suis prêté complaisamment à tous les arrangements qui m'ont été proposés; je me suis laissé voler, piller à miséricorde et merci, et mes honnêtes campagnards n'ont vu en moi qu'une dupe; ils ont ri de la faiblesse ou de la niaiserie qu'ils m'ont attribuées; il n'est venu à la pensée d'aucun d'eux qu'il pût entrer un seul grain de bonté dans tous ces actes débonnaires; il est vrai que je suis Français; le moyen d'être aimé par des Anglais, des Écossais et des Américains, ce serait contre nature.

Notre auberge est du genre le plus rustique. La première pièce, dans laquelle se tient la famille avec le commun des voyageurs, sert à une variété infinie d'occupations de ménage; on y lave, on y repasse, on y boit, on y mange, on y fume; un poêle *omnibus* est consacré à tous les usages possibles; il est chauffé à rouge, ce qui établit entre la première pièce et la seconde une différence de neuf degrés, quoique cette dernière soit également chauffée par un poêle; on nous a servi sous le titre de souper un repas composé de deux pièces froides et de thé vert, alliance aussi malheureuse pour l'estomac que pour les nerfs. Nous avons assuré notre sommeil en recourant à notre réserve de thé noir; avec cela et quelques sandwichs, on ne s'expose ni à l'insomnie ni au cauchemar. On nous a demandé si nous n'avions pas d'objection pour laisser venir à notre table un marchand voyageur; nous avons agréé l'introduction, et un homme grand et carré à figure d'Antinoüs auvergnat a pris placé auprès de nous. Les systèmes de nourriture et d'hygiène diffèrent essentiellement d'un pays à l'autre. Notre commensal nous en a donné une nouvelle preuve en arrosant d'une cataracte de thé vert des tranches à demi pétrifiées de mouton et de porc. Il a mangé de tout, et plusieurs fois, sans paraître éprouver autre chose qu'une sensation agréable. Quel appétit vigoureux! C'est à faire envie à tous les gourmands. Nous avons parlé commerce. Notre homme m'a dit qu'il recueillait du grain dans les paroisses voisines et qu'il le portait à Boston et à New-York. Cette opération, dont les détails exigent de l'intelligence et de l'activité, lui donne d'assez beaux bénéfices; il ne spécule cependant que sur une légère différence dans les cours des marchés canadien et américain; mais cette différence, quelque faible qu'en soit le chiffre, promet un commerce important, lorsque la réciprocité faisant disparaître tout droit de douane y ajoutera le montant de la taxe actuelle. Je n'attendais pas tant *d'esprit d'entreprise* de la part d'un ancien Acadien, habitant cette paroisse enténébrée de Saint-Grégoire qui ne veut pas d'écoles. Notre commensal s'est informé auprès de moi de ce qu'on pouvait faire en Californie; c'est la question que l'on m'adresse partout; chaque village a fourni son contingent; un navire vient de partir de Québec, chargé d'Argonautes canadiens; les présents et les vœux de tout le pays n'ont cessé qu'au moment où l'on a mis à la voile. L'or ne sera donc jamais une chimère, en dépit du refrain de Robert le Diable.

J'ai répondu au consultant : Mon ami, je ne suis pas allé en Californie et je n'ai aucune intention d'y aller; je n'ai donc aucun renseignement particulier à vous donner; tout ce que je sais, c'est que peu de fortunes se feront en fouillant les gîtes, dépôts aurifères; qu'on y compromettra sa santé et sa vie, et qu'il faudra souvent donner d'une main ce qu'on trouvera de l'autre pour le logement, la nourriture, le vêtement et l'hivernage de la morte saison, tandis qu'avec le commerce on pourra s'enrichir promptement et sans danger. Or, vous êtes commerçant, et commerce pour commerce, il me semble qu'il vaut mieux faire des affaires à votre porte qu'à tant de mille milles de chez vous; le capital seul que vous aurez à dépenser pour vous rendre à San-Francisco est ici un élément suffisant de succès, et quand le traité de réciprocité abaissera la barrière du tarif, vos bénéfices doubleront ou tripleront, ce qui vous permettra de doubler ou tripler vos opérations. Gardez-vous donc encore une fois d'aller chercher la Californie si loin et à si grand coût, elle est sous votre main, et elle ne vous demande aucune avance. — Mon Acadien m'a écouté très-attentivement, mais je ne me flatte pas de l'avoir convaincu; si je voyais son nom sur la première liste d'émigrants, je ne serais pas surpris. Quand cette race a une idée dans la tête, elle y est fixée comme un clou : plus on frappe dessus, plus elle s'enfonce.

12 janvier.

La nuit s'est assez bien passée. Le thermomètre ne marquait que dix degrés Réaumur au-dessous de zéro quand nous nous sommes disposés à continuer notre voyage. N'ayant fait que deux relais hier, il faudrait en faire quatre aujourd'hui pour rétablir la balance et arriver au quitus; mais on s'est levé tard, le temps n'est pas beau, et la route est mauvaise. On nous signale deux autres obstacles : la longueur du relais des Écureux et la fondrière de la *Petite-Suède*. Pendant qu'on attelle les chevaux à notre sleigh, nous courons visiter l'église de Sainte-Anne; elle ne nous offre rien de remarquable; son architecture est la même que dans toutes les églises de campagne bâties du temps des missionnaires jésuites; elle ne se distingue que par le travail de ses sculptures sur bois et par l'ornementation du maître-autel. Les dorures ternies et presque effacées indiquent une durée déjà longue.

La rivière Sainte-Anne, dont l'embouchure est proche de l'église, figure au rang des plus beaux affluents du Nord; un pont, justement renommé, comble une des plus larges lacunes de la route de poste.

La chute du Montmorency.

Partis de notre auberge un peu après dix heures, nous cheminons péniblement jusqu'à Deschambault; la rive du Saint-Laurent a pris les proportions d'une falaise, et cette crête ravinée de distance en distance n'est qu'une succession de montées et de descentes. Le ciel couvert et brumeux ne nous envoie aucun sourire; nous ne pouvons apprécier que par un effort d'imagination ce que doit être la seigneurie de Sainte-Anne dans la fraîcheur de sa verdure printanière et sous les rayons d'un beau soleil.

Nous devions descendre chez Langevin à Deschambault; on nous a conduits chez Marcotte, et il s'est fait là un petit tour de passe-passe auquel nous aurions dû nous opposer. Au lieu d'un extra, on nous a donné une diligence à quatre places, voiture plus lourde et plus lente et qui, d'ailleurs, déclassait l'ordre des prix. M. Marcotte s'était montré si empressé, si poli, il nous avait fait servir un si bon potage, il nous avait si parfaitement dégelés que notre reconnaissance a étouffé toute plainte. La route si tourmentée de Sainte-Anne à Deschambault demandait des chevaux frais et dispos; or, qu'est-il arrivé? A peine avions-nous fait une lieue, nous avons rencontré la malle-poste, et le charretier de cette dernière, voulant revenir à son relais, a proposé au nôtre un échange de chevaux qui a été fait sans qu'on nous ait même consultés. La conséquence de ceci, c'est que les mêmes chevaux qui venaient déjà de faire quatre lieues en ont eu encore quatre à faire, tandis que les nôtres n'en auraient eu que cinq en tout; aussi, il fallait voir les pauvres bêtes lorsqu'elles sont arrivées à Deschambault; la sueur ruisselait sur leur corps et s'y transformait en pendeloques de givre, tandis que leurs naseaux lançaient des jets de fumée comme les tubes bouilleurs des locomotives.

De Deschambault à Québec, la rive du Saint-Laurent, escarpée et brisée, s'élève avec raideur, et ne s'abaisse çà et là que pour remonter bientôt par une pente plus abrupte; c'est une chaîne dont le cap Diamant forme le dernier anneau. Les sites les plus pittoresques se trouvent au Cap-Santé et à Jacques-Cartier.

Cap-Santé est renommé pour son bon air; on y domine le fleuve et l'on y est abrité des vents du nord par un rempart de montagnes boisées; l'église, que nous avons visitée en passant il y a deux ans, est vaste et propre; nous avons remarqué sur les murs quelques tableaux modernes d'une médiocreté vulgaire; le presbytère, bâti sur le même plateau du cap dans une situation ravissante, s'annonce avec une élégance qui tient du luxe. La seigneurie était la propriété des Ursulines de Québec en 1760, et l'on y comptait déjà 63 familles qui fournissaient un contingent de 72 hommes pour la milice.

Des pêcheries d'hiver sont établies sur le Saint-Laurent dans tout le bordage de glace attenant à la rive gauche. On pratique des trous dans la glace et on y plonge des nasses dormantes ou volantes qui se remplissent, soit avec le flux, soit avec le reflux, selon les diverses espèces de poissons: c'est un assez rude métier; les bénéfices sont incertains et variables; les pêcheurs, trop éloignés du rivage pour aller et venir sans cesse, élèvent des maisonnettes de bois dans lesquelles ils passent une partie du jour et quelquefois de la nuit; ils allument devant leur porte de grands feux sur la glace. Il leur serait difficile de s'établir d'une manière permanente et commode, parce que la marée, qui les soulève chaque jour et les fait retomber de six à dix pieds, a de fâcheux caprices; elle fait des crevasses dans les parties qui semblent prises avec le plus de solidité et dresse, tout à coup en forme d'obélisques ou de colonnes d'immenses glaçons là où tout était uni comme un miroir.

Cap-Santé m'avait ravi; mais à Jacques-Cartier l'étonnement a augmenté le charme; entre deux côtes élevées, la rivière s'est ouvert une route pour se jeter dans le Saint-Laurent, et de son côté, ce fleuve a creusé une baie circulaire dans laquelle l'industrie a établi des usines. On se figure aisément ce que doit être cette baie en été; mais l'imagination n'indiquerait pas ce qu'elle est en hiver; il faut la voir avec son tapis blanc, ses groupes d'arbres verts argentés de neige et diamantés de givre, ses moulins, ses cottages et son pont. Notre sleigh s'est précipité bravement dans la spirale dont la dernière sinuosité est au fond de l'anse; il a tourné avec adresse sur le pont, qui n'est ni long ni large; mais en remontant la rampe escarpée de l'autre bord, l'hésitation d'un cheval l'a fait décliner et nous avons failli tous descendre à reculons. Élisa effrayée s'est élancée dehors et s'est enneigée jusqu'à la poitrine; moi je n'ai pas bougé et je suis arrivé sain et sauf au sommet de la côte.

Parvenus une fois encore sur le plateau des caps, nous avons traversé une grande et belle sucrerie. Les hautes futaies laissent des clairières où la neige s'amoncelle et où elle produit des effets bizarres. Des arbres coupés par la hache ou brisés par le vent peuplent cette froide solitude de fantômes silencieux enveloppés dans leurs linceuls. Je remarquai un érable couché horizontalement sur un groupe de cèdres verts; la neige y avait trouvé un point d'appui et, couvrant du haut en bas une ligne inclinée, elle avait formé un pont aérien. Il est impossible de traverser sans recueillement une forêt remplie de ces décorations sépulcrales ou plutôt toute pleine de spectres debout ou agenouillés sur leurs sépulcres entr'ouverts: ce n'est pas l'hiver, c'est la mort que l'on croit voir de tous côtés.

La rivière Jacques-Cartier ne nous était pas inconnue, nous l'avions passée en allant au lac Saint-Joseph, et nous n'avions oublié ni la rapidité de son cours, ni l'escarpement de ses bords, ni la végétation luxuriante qui l'environne. Plusieurs pêcheries de saumons y étaient en grand renom autrefois; on les a laissé tomber, je ne sais pourquoi. Son embouchure dans le Saint-Laurent a cela de remarquable que la rive droite se relève en talus ou parapet et forme une redoute naturelle. Voilà pourquoi, après la fatale bataille livrée le 13 septembre 1759 sur les plaines d'Abraham, le chevalier de Lévy y rallia l'armée et s'y retrancha; c'est à l'ombre de cette forêt vénérable qu'il médita la glorieuse revanche prise le 28 avril 1760, attaque hardie, retour héroïque, dernier adieu des Français à la victoire dans ce Canada qu'ils avaient découvert, conquis et colonisé. Ici, sur cette rampe où nous glissons maintenant se tenaient les vedettes; à droite et à gauche, dans le bois, étaient les tentes du camp; des sentinelles avancées veillaient sur toutes les pointes des rochers qui avancent sur le Saint-Laurent ou le Jacques-Cartier. A chaque heure on entendait courir ce cri sur les deux rivages: Sentinelle, garde à vous! et le qui-vive des patrouilles retentissait d'échos en échos. Languedoc, Béarn, Guienne, tous ces braves enfants de notre Midi, riaient, chantaient autour des feux de bivouac les pieds enfoncés dans la neige, mangeant leur morceau de cheval fumé, buvant leur cidre aigri, déchirant à belles dents les vertus de l'intendant Bigot et du munitionnaire Cadet. Que de jeux de mots sur la *friponne*, cette honnête maison de recel où les agents faisaient entrer chaque jour par un souterrain tout ce qu'ils dérobaient dans les magasins royaux pour le revendre le lendemain au roi. Oh! si les échos de ce bois pouvaient redire tout ce qu'ils ont entendu! Mais non; pas un mot, pas un son, — rien, rien. Partout le silence de la mort. De ces intrépides bataillons, de ces dignes aïeux des martyrs de la Bérézina, que reste-t-il? Le peu que l'histoire a conservé lorsque l'histoire a été reconnaissante et juste. La bataille du 28 avril 1760, qui fut si brillante pour nos armes, aurait été décisive, c'est-à-dire qu'elle nous aurait rendu avec la citadelle de Québec la possession de tout le Canada, sans un incident qui divulgua notre marche à l'ennemi. C'était à l'époque de la débâcle du Saint-Laurent; un chaland rempli d'artilleurs heurta si rudement un glaçon flottant qu'un canonnier tomba dessus et fut emporté dans le cours du fleuve; bientôt le froid le saisit et il perdit connaissance. C'est dans cet état qu'il passait devant Québec lorsqu'il fut aperçu et on envoya un bateau à sa rencontre. Rapporté dans la ville, il dut aux soins qui lui furent donnés de reprendre ses sens; se croyant entouré de Français, il révéla la marche de l'armée et mourut aussitôt. Le général Murray averti évita une surprise, il marcha le lendemain au-devant de l'ennemi; mais il fut battu et n'eut que le temps de se rejeter dans la place, qui faillit être prise. On cite une maison près d'un moulin que nos grenadiers forcèrent à la baïonnette et d'où les Highlanders furent délogés plusieurs fois. De part et d'autre on y fit des prodiges de valeur, mais il fallut attaquer la ville de Québec avec des moyens de siége insuffisants, et dès lors il devint certain qu'elle serait au premier qui recevrait du secours par la mer. Dès lors tous les yeux étaient fixés sur le Saint-Laurent; par malheur, la première flotte qui arriva fut une flotte anglaise; elle délivra la garnison bloquée et menaça les derrières de l'armée française, qu'elle obligea à lever le siége et finalement à battre en retraite. Avançons, avançons; le passé a déposé ici trop de souvenirs de deuil.

Vers quatre heures, nous atteignons le relais des *Écureux*; les chemins les plus pittoresques étant les plus accidentés sont nécessairement les plus difficiles et par suite les plus longs à parcourir. Ce raisonnement est d'une naïveté telle que je crois l'avoir volé aux chevaux qui viennent de nous mener; les malheureux! ils ont bien gagné l'avoine qu'ils n'auront peut-être pas La poste suivante est moins rude, dit-on, mais elle a plus de six lieues; on relaie à la grande Lorette; n'importe, nous sommes déterminés à pousser en avant. La température est douce, et le froid peut reprendre demain avec une intensité qui nous arrête. Pour accélérer le changement des chevaux, nous ne quittons pas même notre sleigh; la nuit menace d'être sombre, mais nous comptons, à défaut de la lumière du ciel, sur la lumière de la terre; la blancheur de la neige éclairera notre conducteur. D'ailleurs, comme j'en ai déjà fait l'observation, les habitations sont si rapprochées qu'elles forment une sorte de rue, et de chaque maison sort la clarté d'un fanal pour nous guider. Les Écureux ou Écureils forment une seigneurie qui, au moment où nous avons perdu le Canada, appartenait au seigneur Jean-Baptiste Dussault; on y comptait 52 feux qui pouvaient fournir 70 miliciens. Quoique le front de la paroisse sur le Saint-Laurent ne fût que d'une demi-lieue, il y avait six pêcheries, dont trois au moins d'anguilles. La seigneurie suivante a un front cinq fois plus étendu : deux lieues trois quarts sur quatre lieues de profondeur; elle porte le nom de Seigneurie de Neuville; en 1760, elle avait déjà changé trois fois de mains, passant de M. de Dombourg à M. Dupont, et de M. Dupont à madame de Méloize; il y avait 104 feux qui donnaient 130 hommes en état de porter les armes. Un voyage nocturne arrivait à propos pour compléter nos observations; c'était un nouveau spectacle plus triste, mais plus saisissant que tous les autres. Après une courte halte à Saint-Augustin pour laisser souffler les chevaux, nous avons continué la route au milieu d'une brume glacée, dont l'humidité nous pénétrait. Saint-Augustin, paroisse florissante, un des principaux greniers d'abondance de Québec, est une colonie de réfugiés acadiens. Les Desroches y sont nombreux. J'ai eu par malheur à demander des renseignements généalogiques sur un d'eux, et tous aussitôt se sont figuré que j'étais un oncle d'Europe en quête d'un héritier. On a parlé d'une succession californienne et, depuis lors, j'ai eu beau dire et écrire qu'aucun intérêt d'argent n'était mêlé à mes recherches, tous ces Desroches ont persisté à rêver une fortune dissimulée. Plus je nie, plus ils croient. Saint-Augustin a deux lieues et demie de front sur le fleuve et une lieue et demie de profondeur. En 1760, quoique le nombre de feux n'excédât pas 96, on comptait 153 miliciens. La seigneurie appartenait et appartient encore à l'Hôtel-Dieu de Québec.

En été on peut suivre les caps ou bords de l'eau jusqu'à Québec; mais dans cette saison, on fait un détour à partir de Saint-Augustin pour éviter plusieurs pas difficiles et surtout les ravins du Cap-Rouge. A neuf heures, nous étions à la Vieille-Lorette. Notre charretier, trompé par notre voiture à quatre places et croyant mener le stage, nous a conduits au relais au lieu de nous conduire à l'auberge. Là, il n'y avait à peu près que les quatre murs, et dans cette nudité deux pauvres Irlandais de quinze à dix-huit ans qui ont offert de nous céder un lit dont la vue seule nous aurait guéris de toute envie de dormir. Encore si quelque fauteuil, quelque chaise longue nous eût assuré un refuge; mais nous n'avions d'autre ressource que de nous coucher sur nos fourrures. Tandis qu'on les étendait à terre, j'ai questionné le charretier, et ce rustre s'est décidé à m'apprendre qu'à cent pas ou moins il y avait une bonne auberge. Voyez ce que c'est; faute d'explication, nous allions jeuner, veiller et geler à quelques toises d'une maison où nous pouvions trouver bonne table, bon feu et bon lit; les chevaux ont été rattelés, et on nous a transportés en trois minutes dans un petit hôtel de campagne où nous avons trouvé tout ce qui nous manquait outre une aubergiste introuvable.

La mère Goulard, écartant avec fierté l'incognito que lui infligent son nom et sa profession, nous a confié qu'elle descend en ligne directe du fondateur de Québec. Voici comment cette révélation est venue : On parlait de café; on aurait parlé d'allumettes chimiques ou d'eau Raspail que la transition serait arrivée aussi naturellement. — Du café! ah! certes, je sais en faire de bon en le clarifiant avec des œufs; c'est que, voyez-vous, le père de mon grand-père était Français; c'est lui qui a découvert le Canada avec Jacques Cartier. — Vraiment! et quel était son nom? — Monsieur de Champlain. — Vous êtes une Champlain. — Oui, monsieur. — Je vous en félicite. Êtes-vous parente des Champlain des Trois-Rivières. — Non, Dieu merci! ce ne sont pas de vrais Champlain; nous seuls sommes les bons. — Mais qu'avez-vous fait de vos seigneuries. — Je ne sais pas ce que c'est devenu; on avait toutes les terres jusqu'au Saguenay, trente lieues de front sur la rive nord du Saint-Laurent; il paraît qu'elles ont été prises. — Du moins, votre auberge vous reste. — Oui, monsieur, et je puis dire qu'il n'y vient que du beau monde. Et là-dessus, elle nous a cité tous les ivrognes les plus respectables de Québec. Voisine du champ de course, elle voit la plupart des paris s'engager sous son toit autour des tables chargées de bouteilles. Je n'ai pas besoin de remarquer que cette ex-cuisinière m'a servi, sous forme de généalogie, un plat d'anachronismes un peu trop épicé; elle a supprimé les cinquante ou soixante ans qui séparent Jacques Cartier de Samuel Champlain, et elle a introduit l'usage du café quelque trente ou quarante ans avant l'époque où la marquise de Sévigné le signalait comme une nouvelle mode qui devait bientôt passer avec le goût du théâtre de Racine. En outre, Champlain, pour être le père de son grand-père, aurait dû vivre jusqu'au milieu du dix-huitième siècle, et il est mort en 1636, ce qui lui enlèvé environ 110 ans de la vie à la Mathusalem qu'elle lui a si libéralement accordée. Bagatelles que ces petites méprises-là. Mais voici qui est grave. La descendante de M. de Champlain ayant prétendu que dans son jeune temps elle avait brillé à Québec dans le même art que le chef de son illustre aïeul, nous avons cru, néanmoins, qu'il serait indélicat de faire appel à un talent rouillé par l'absence de tout exercice, et nous avons poussé la discrétion jusqu'à ne lui demander qu'une simple omelette. On a mis le couvert, et nous avons entendu beaucoup d'agitation dans la pièce voisine; il semblait qu'on criait au secours. L'omelette s'est fait longtemps attendre. Enfin, la nièce de notre cordon bleu s'est écriée en posant le plat sur la table : « Ah! si vous saviez comme ma tante a eu de la misère pour virer et revirer son omelette. » L'auteur s'est montré alors pour recevoir nos compliments la figure en feu et la sueur sur le front; quoique son omelette ne fût omelette ni pour le fond ni pour la forme, c'était quelque autre chose qui pouvait se manger : en voyage on ne tient pas aux étiquettes.

Si le père Chiniquy, le missionnaire de la tempérance qui fait tant de conversions, eût été avec nous, il aurait pu faire récolte d'histoires tragiques pour illustrer ses sermons. Un certain Duff s'est tué dans cette auberge à coups de brandy, et sa mort a été mise sur le compte du choléra. Un autre ivrogne, dont la mère Goulard craignait d'avoir à payer l'enterrement, a été congédié lorsqu'elle l'a réputé incurable. Revenu à Québec, il a fait élection de *barre* à l'hôtel d'Albion, et a commencé avec le maître même de l'hôtel un duel de bouteilles qui s'est terminé par un coup fourré; les deux champions sont restés sur le carreau; on les a portés en terre le même jour. Au pied de cette côte qui mène à l'ancienne Lorette, dont nous apercevons d'ici le clocher, un ivrogne de la campagne s'est enneigé à la brune, en revenant de la ville, et le lendemain matin on l'a trouvé mort à côté de son cheval, gelé comme lui; les pieux de la traine s'élèvent seuls au-dessus de cette tombe glacée comme pour demander secours. Aujourd'hui même, pendant que j'écris ces notes, on sonne pour un mort, et ce mort qui n'avait que trente-quatre ans, c'est le co-seigneur de Neuville, notaire, dont nous avons traversé les propriétés ce matin. Il y a trois mois ce malheureux alla voir son curé et lui dit : — C'est résolu, je veux prendre la croix de tempérance. — Pas encore, lui répondit le curé, le passage serait trop brusque; buvez moitié moins; puis, réduisez encore la quantité, et lorsque vous pourrez sans danger réformer votre trop vieille habitude, vous tâcherez de vous engager par un vœu à résister aux tentations de récidive. L'ivrogne, plein de confiance dans l'énergie de sa volonté, a trouvé le conseil trop prudent; il a essayé de ne plus boire du tout; mais après huit jours d'abstention complète, il s'est trouvé saisi d'une soif si ardente qu'il a bu sans discontinuer jusqu'à ce que le sang, lui sortant à la fois par le nez et la gorge, l'ait étouffé; il s'était frappé lui-même d'apoplexie foudroyante.

13 janvier. — Dimanche.

Thermomètre à sept heures du matin : quinze degrés Réaumur au-dessous de zéro; — ciel pur, — vent nord-est.

Evidemment, nous avons bien fait de prendre gîte pour la nuit et surtout dans une maison suffisamment chauffée.

A déjeuner, la mère Goulard nous a servi du café à la Champlain; les derniers œufs de la maison y avaient passé. Tout en le prenant, nous avons pu voir le défilé des habitants et habitantes qui se rendent à l'église. Aucune distance, aucun froid ne les arrête. Il y a peu de variété dans les costumes; la toilette des femmes se compose de capotes noires ouatées et piquées ou de chapeaux de fourrure teinte de couleur rousse ou grise, de gros manteaux de drap à plusieurs collets, ancienne forme de carricks, de voiles verts doubles; le reste, enchâssé dans les voitures, est invisible; il y en a qui sont dans des carrioles, d'autres dans de simples caisses où elles s'emballent comme des objets fragiles. Les hommes sont tous vêtus d'étoffe du pays, espèce de drap gris de fer, et portent des ceintures rouges; le chapeau de feutre noir remplace la toque bleue de la semaine, et ils portent aux pieds d'énormes mocassins de cuir jaune.

A neuf heures et demie, nous nous disposons à partir. Rien de plus facile. A notre arrivée, la mère Goulard nous avait dit : « Vous pouvez *quitter* tout *votre butin* dans la carriole; nous avons un hangar qui ferme à clef et où *peuvent* les voitures *toutes rondes*. Quand vous serez *parés* pour *embarquer,* vous trouverez tout *à la même endroit.* » En effet il a suffi de s'y transporter; les chevaux ont été attelés et on s'est mis en route pour Québec; on nous a promis de nous y conduire en moins de deux heures; il n'y a que trois lieues; mais il faut traverser la Suède. C'est un bas-fond qui se trouve au pied du grand plateau des Plaines-d'Abraham, sous Sainte-Foy. Quand le vent souffle de l'est, il balaie tout le plateau, et la neige s'abat par tourbillons sur la Suède. Dans la route entière il n'y a pas de plus mauvaise place; grâce aux nombreux accidents de ces derniers jours, la herse, la pioche et la pelle ont tant et si bien travaillé qu'elles ont fait brèche; nous n'avons pas enneigé; le vent, d'ailleurs, avait tourné; il venait du sud-ouest, nous l'avions à dos, et c'est à peine si nous sentions le froid, quoiqu'il fût à 14 degrés. Une fois sur le plateau, tout est dit; on glisse divinement. Les maisons de campagne de la route de Sainte-Foy, si jolies et si coquettes en été, présentent un aspect sévère; plusieurs sont bloquées par la neige; on ne voit pas une seule clôture; les pieux ne sont indiqués que par des rangées de petits points noirs; nous avons remarqué une haie vive changée en massif; un ciment de neige en a fait une muraille parfaitement droite et unie. Nous avons admiré encore une fois l'effet de la lumière sur les arbres enduits de givre. Le soleil, caché depuis deux jours, a reparu soudain pour semer des diamants, des rubis, des émeraudes sous les reflets de tous ses rayons; la moindre branche, doublée du côté du nord d'une longue écorce de cristal, étincelait des feux changeants du prisme; c'était éblouissant.

A midi, nous entrions à Québec; on sortait des églises, et une file de sleighs de maîtres se croisait avec nous; c'était le cortége de ville après le cortége de campagne. Nous nous sommes *retirés* chez M. Russell qui tient l'ancien hôtel de l'*Union*, aujourd'hui de *Saint-Georges*, sur la Place-d'Armes. M. Fribault, notre obligeant ami, avait retenu pour nous trois grandes pièces au *rez-de-chaussée*; le prix de notre pension tout compris, avec le service en privé, est de 20 livres par mois, environ 550 francs. Je m'arrête à ce détail d'argent, commencement et fin de toute chose dans l'Amérique du Nord.

14 janvier. — Lundi.

Hier je disais : Je m'arrête, et aujourd'hui je continue. C'est que mon arrivée a été célébrée par un *pique-nique* que je crois devoir servir comme supplément. Dès le matin, mon ami M. Faribault est entré chez moi et m'a dit : « Notre petite société a décidé qu'elle vous offrirait aujourd'hui une partie aux Chutes de Montmorency et que l'on dînerait avec vous dans l'île d'Orléans. Je suis son envoyé auprès de vous et j'espère bien que vous ne me ferez pas faire une mauvaise ambassade. — Non certes, j'accepte, je serai des vôtres, mais à quelle heure? — Onze heures. — Soit, j'y consens. » Et à onze heures très-précises, un sleigh était devant ma porte, j'y prenais place avec Elisa, et fouette, cocher! Nous étions une vingtaine, ce qui formait un assez joli cortége. L'effet en était curieux sur le Saint-Laurent; il y avait tant de cahots qu'un sleigh était en l'air quand le suivant était en bas; on eût cru voir des barques ballottées par la houle. Les femmes jetaient des cris qui se mêlaient aux éclats de rire des hommes, et le voyage fut très-gai jusqu'aux Chutes de Montmorency. La rivière de ce nom arrive du nord sur un lit schisteux; après avoir franchi un espace rempli de longs bancs de pierres horizontales qu'on appelle les Marches naturelles, elle rencontre une solution de continuité et se précipite dans le Saint-Laurent d'une hauteur d'environ 250 pieds. Cette chute, vue du Saint-Laurent où nous étions, est d'une beauté incomparable; elle excède de cent pieds celle du Niagara; mais elle ne se compose que d'une masse qui tombe droit devant elle; des pierres anguleuses qui forment plusieurs saillies coupent seules cette masse et opèrent un rejaillissement. Goutte à goutte l'eau s'accumule à une certaine distance, y gèle et s'élève en pain de sucre ou cône d'une hauteur qui varie chaque année de 130 à 150 pieds. Ce cône est aussi poli que s'il avait été fait de main d'homme; c'est un chef-d'œuvre unique au Canada, dans toute l'Amérique et dans le monde entier. Des marches y ont été creusées avec la hache; on monte jusqu'au sommet et de à on se précipite sur des clisses de bois tête en avant. J'avoue que je fus effrayé de la rapidité des chutes et que je ne me sentis aucune envie de les imiter; mais il y a un second cône formé des gouttes d'eau qui ne s'arrêtent pas au premier; il n'a guère qu'une vingtaine de pieds et cela m'a paru assez haut pour nous: j'en ai fait plusieurs chutes qui m'ont porté à une demi-lieue sur une plaine de glace; un enfant s'était placé devant nous sur la clisse et la dirigeait. On n'entendait de tous côtés que des cris joyeux; le spectacle était sublime et charmant. Autour des Chutes de Montmorency des masses de glace pendaient comme d'énormes cristaux; toute la baie formée par le Saint-Laurent était gelée et couverte d'une neige éblouissante sur laquelle la foule mouvait ses petits points noirs; une file gravissait un côté du grand cône, tandis que, du côté opposé, on voyait les chutes se succéder : c'était un mouvement perpétuel. Nous n'avons quitté qu'à regret cette grande et belle scène pour nous rendre par le Saint-Laurent à une des six paroisses de l'île d'Orléans. Un dîner rustique nous attendait chez un habitant du nom de Gagnon. Nous avons trouvé ce brave homme achevant de sculpter un candélabre en bois pour son église; il est menuisier, serrurier, charron, tisserand, un peu de tout enfin, comme es colons français du Canada, et sa femme, soit dit sans rancune, est beaucoup supérieure pour la cuisine à la mère Goulard. Elle a une nombreuse famille, parmi laquelle j'ai remarqué un petit brunet qui suivait tous les détails de notre dîner avec une extrême curiosité; je l'ai invité à en prendre sa part, et il ne s'est pas trop fait prier. Le repas a été d'une gaieté canadienne, on a lancé des toasts étourdissants, on a chanté au dessert, et l'on n'a quitté la table que pour reprendre avec de nouvelles plaisanteries la route de Québec, où l'on n'est entré qu'à la clarté des lanternes. Ma pauvre femme était ravie, mais fatiguée.

Adolphe de PUIBUSQUE.

(Extrait du journal *Causeries des Familles*.)

Les Scieurs de glace.

Paris. — Typ. Walder, rue Bonaparte, 44.

www.ingramcontent.com/pod-product-compliance
Ingram Content Group UK Ltd.
Pitfield, Milton Keynes, MK11 3LW, UK
UKHW021152230726
13926UKWH00001B/72